1
DIE
KIRSCHBLÜTEN
PRINZESSIN
Yuki Shiraishi

DIE KIRSCHBLÜTEN PRINZESSIN

Inhalt

Kapitel 1

Guten Tag! Hier ist Yuki Shiraishi. (^-^)

Vielen Dank, dass ihr Band 1 von Die Kirschblütenprinzessin gekauft habt!

Dies ist eine Fantasy-Geschichte! Ich liebe es ja, solche Geschichten zu lesen, aber selbst eine zu zeichnen ist ganz schön aufwendig. Ich habe unerbittlich gekämpft, um diese Serie mit einer gewissen Regelmäßigkeit weiterzeichnen zu können.

Wenn sie euch also auch nur ein bisschen gefällt, würde mich das sehr froh machen!

Es wird Zeit, das Versprechen einzulösen ...
Wir wurden geboren ...
... um dich treffen zu können.

Wir werden so lange auf dich warten, bis tausend Jahre vergangen sind ...

... Kirsch-
blütenprin-
zessin.
RING
RING
RING
RING

RING
ビビビ
ビビビ
RING
RING
ビビビビ
RING

STRAHL
STRAHL
RING
RING
RING
RING
...

ビビビ
RING
RING

Oh neeiin!!

Dass ich ausgerechnet an einem so wichtigen Tag verschlafen muss ...!

Ich hatte nicht mal Zeit, meine Haare zu machen ...

Aber mal im Ernst ...

KLONK
Was sollte dieser merkwürdige Traum?!
Ngh!
DASCH
LANDUNG
Huah!
Ich muss mich beeilen!
Ich bin Sakura* Kawai, 15 Jahre alt.
*Kirschblüte
Ich habe große Ambitionen.

Denn ich will ...
... hundert Freundschaften schließen!!
Einsch
Oh, ihr seid in der 3?!
Wir auch!
Wir werden uns sicher gut verstehen!
FREU FREU
Glaub ich auch!
STAUN
...!!

Krass, wie sie die einfach so ansprechen können!

Ich muss auch meinen Mut zusammennehmen und einfach mit Leuten reden!!
Am liebsten niedliche Mädchen ...
BLICK
BLICK

Hey, du!
!

Sag bloß, die meinen mich?!
Ja?

Oh, sie hat reagiert.

Ich dachte mir schon, dass du mich …
… »sehen« kannst.
Wie niedliiich …!
Wir gewöhnen uns sicher schnell aneinander.
Hey …

SCHLEUDER
Auf jemanden wie dich kann ich gut und gerne verzichten!!
Kyaaah!
WUSCH
SCHNAUF
SCHNAUF
Ich möchte ganz normale Freunde haben!
FLÜSTER
FLÜSTER
Was geht denn mit der?
STOPP
FLÜSTER
Sie wird plötzlich gewalttätig ...
Gruselig!
Ähm ...
Ihr versteht das falsch ...
SCHAAH
Das Geräusch, wenn Menschen sich zurückziehen
Guck sie nicht an.
Auf solche Leute darf man sich nicht einlassen.
...

Genau ...
Ich wusste, dass es so enden würde ...
Ich gehöre zu den Menschen, die »sehen« können.
Damit meine ich diese mysteriösen Wesen, die keine Menschen sind.
Sie als »Yokai« zu bezeichnen, trifft es wohl am ehesten.
Schon als Kind wurde ich wegen dieser Fähigkeit wie ein Freak behandelt.
»Dieses Kind ist eigenartig ...«
Deswegen war ich immer allein.
Heute beginnt mein erstes Jahr auf der Highschool.
Das wollte ich eigentlich als Chance nutzen, nicht mehr allein zu sein, aber ...
Hey!

*romantische Szene, in der der Mann die Frau an eine Wand drängt

An meiner Schule lasse ich so etwas nicht zu.

Hi...
Tamaki Hinomiya ...!
Tss!
...
Er ...
Er hat mich gerettet ...
Bist du dumm?
PLICK
Normalerweise würde man sich doch verteidigen.
Oder bist du etwa Masochistin und stehst darauf, geschlagen zu we...
Oh!
Normalerweise würde ich ausweichen, ja.
Nein, bin ich nicht!!

Aber das war meine Schuld, weil ich ihn zuerst angegriffen habe.
Ich dachte, wenn er mir einen Schlag verpasst, sind wir wieder quitt.
RASCHEL
Dabei bist du doch nicht alleine schuld an der Aktion ...
Hä?

Du bist mir ja ein komischer Kauz.
POCH
Er lächelt ...

SST
Hinomiya.
Wir sollten langsam los.
Okay.
Bis dann ...

... neue Schülerin.
Was war bitte diese Truppe von gut aussehenden Typen gerade?
Das ist der Schülerrat!
Präsident Hinomiya ist echt cool!
Präsident Hinomiya ...
1 - 1
»Du bist mir ja ein komischer Kauz.«

*höfliche, geschlechtsunabhängige Anrede

Ein ...
Ein Traum wird wahr ...!!
Ich hab immer davon geträumt, nach der Schule mit einer Freundin den Heimweg antreten zu können ...!
KLACK
ZUCK
Wah!
Gyaaaah!!
SCHRECK
RAUN
Was ist los, Kawai-san?
Ach, ich habe mich nur erschrocken, weil mich aus dem Schuhfach ein Insekt angesprungen hat! ♡
BAMM
Echt? Wir müssen aufpassen!
...
Ich habe dem bisher nicht viel Aufmerksamkeit geschenkt, aber ...

Kwich!
Kwich!
... heute sind ungewöhnlich viele von diesen Viechern unterwegs ...
SCHAUDER
Ka-wai-san!
KLATTER
KLATTER
Dieser Blick ...
KLATTER
Komm, schnell!
Kato-san!!
GATSCHAMM

Kyaah!

TRUBEL

Was ist los?!

TRUBEL

Das Fenster ist runtergefallen!

BRÖSEL

Danke, Kawai-san!

Klar.

Ein Glück, dass es dir gut geht ...

Warte kurz hier, ja?

Was ...?

Kawai-san?

Ich werde dir das ...

KLACKER

... nicht einfach so durchgehen lassen!!

Zeig dich gefälligst!

Was hattest du mit meiner lieben Freundin vor?!

Das ist doch ...

... wohl klar ...

So lockt man dich doch am besten hervor, nicht wahr ...?!

BUWAH

!!

PRRR

DAMM
Kyaah!
KEUCH
SCHWINDEL
hach …
RÜCK
Menschen, die »sehen« können, riechen einfach unwiderstehlich …
Du siehst so lecker aus …
SCHLECK
Nein!
Keine Sorge.

Ich werde dich ganz sanft zermalmen …
Hilfe …!!
Was soll dieser Lärm?

TAPP
Wir haben hier eine Besprechung, also etwas Ruhe, bitte.
Echt, ey!
!!
Präsident Hinomiya?!
Hm ...?
Ach, du bist es schon wieder.
Macht es dir Spaß, Stress zu machen?
Huh ...
Natürlich nicht!!
Außerdem, wie kannst du diese Situation sehen und nicht checken, was hier Sache ist?!
Wie bitte?

Was soll dieser Aufruhr?
Hah ...
Ach ja ...
Der Präsident kann diesen Yokai nicht sehen!
KNIRSCH
Dieser Mensch ...
KNIRSCH KNIRSCH
... ist läääästiiig!
Präsident Hinomiya!!

PUWAAH

Ver-
schwinde
von hier!

Kyah!
SST
PSSCHT
Kyah!
Wa...
Was ...?
Hat er ... gerade ...
... diesen Yokai ... ver-schwinden lassen ...?

Er kann sie
also auch
»sehen« ...
Aber nein,
das ist ein
anderes
Niveau ...
Wer oder
was zum
Teufel ist
er ...?
GREIF
?!
POCH
Huh?
Was
zum
...?!
POCH
POCH

Will er mich küssen ...?!
SCHLECK
Du riechst sehr gut.
...
Es ist wahr ...
Ich rieche gut ...!?
Wenn du ...
... hier bleibst ...

... wirst du von Yokai angegriffen oder sogar umgebracht.

Yokai ... bringen mich um ...?

Ich sterbe ...?
...
Was machst du denn für ein Gesicht?
Du verstehst wohl den Ernst der Lage nicht.

QUIE
Typisch.
Du bist uns mal wieder zuvorgekommen.

Hmm.
Deine Ausdrucksweise gerade war nicht besonders gut.

Die gehören doch zum Schülerrat ...

Alles okay? Das war bestimmt gruselig.

Aber wenn das so weitergeht, wirst du todsicher sterben.

SCHRECK

Was ...?

In letzter Zeit tauchen immer mehr und immer mächtigere Yokai auf.

Sie haben es auf »sehende« Menschen wie dich abgesehen.

SCHAUDER

Für sie bist du ein gefundenes Fressen.

Oh nein ...

Heißt das, so was wie heute wird wieder passieren ...?

Keine Sorge.

Ab sofort beschützen wir dich.

Wir haben so lange auf dich gewartet.

BWOOOH
Sakura Kawai.
»Egal ob es hundert oder tausend Jahre dauert ...
Wird die ausgestreckte Hand genommen, dann beginnt die Geschichte, die zum Stillstand gekommen war.

... wir werden auf dich warten.«
Ich kenne diese Stimme ...
Dies ist eine schicksalhafte Liebesgeschichte ...

Kwieh!
Erotik-Extra ☆

Kapitel 2

DIE KIRSCHBLÜTEN PRINZESSIN

DIE KIRSCHBLÜTEN PRINZESSIN

Guten Morgen, Sakura!
Gyah!
Was soll dieses Mädchen da?!
Gu...
Guten Morgen.
Und wenn ihr euch fragt, warum dieser Schülerrat sich gerade um mich geschart hat ...
Kwieh!

Kwieh!
Kwieh!
Aaargh!
KNABBER
KNABBER
Meine Haare!!
ZZING
Gyah!
Kwieh!
Kwieh!
Das ist nur Kleinvieh. Entspann dich.
Präsident Hinomiya ...
Uh ...

Ich bin jemand, der nichtmenschliche Wesen ...

... sogenannte »Yokai« sehen kann.

Als mich so ein Yokai fressen wollte ...

... hat mich Präsident Hinomiya gerettet.

Alle Mitglieder des Schülerrats können auch Yokai sehen.

Ab sofort beschützen wir dich.

Und sie scheinen ...

... die ganze Schule vor diesen Yokai zu beschützen.

Warum treibt der Schülerrat diese Yokai aus?
Wie Exorzisten ...
Es gibt noch so viele Rätsel zu lösen ...
... aber ich bin froh, Menschen getroffen zu haben, die wie ich sind!
Bisher wurde ich immer als Freak behandelt ...
... und war mein Leben lang allein.
Diese Jungs haben mir jedoch freundlich die Hand gereicht.
Ich möchte ...
... sie gern besser kennenlernen ...
RATTER
POCH
POCH
Entschuldigung!

Nanu, Sakura-chan*?
Was ist los? Ist etwas passiert?
Nein.
Äh ...
Kyah! Das Paradies der gut aussehenden Männer!
Beste Freundin: Kato Nanao-chan
*verniedlichende Anrede für gute Freunde und kleine Kinder
Ich habe Obento** gemacht!
BASCH
Wenn ihr wollt, können wir die zusammen essen!
**Lunchboxen
STILLE
Nanu?!
Ich dachte, wir würden uns zumindest ein wenig nahestehen, aber ...
... vielleicht bin ich ihnen auch lästig?
Woah ...

Kraaass!
Das hast du alles selbst gemacht?!
Oha ...!
Oh, das sind ja mehrere Stapel!
Dass du diese klassischen Speisen zubereiten kannst, ist wirklich bewundernswert.
Makoto lobt selten andere Leute!
Sakura, wenn du solche Obento zusammenstellen kannst ...
... dann wirst du sicher eine exzellente Ehefrau abgeben.

Sengoku-senpai*, Murasame-senpai ...
Hi hi hi! Sie haben mich gelobt!
*Anrede für Künstler, Lehrer, Ärzte etc.
Gut!
Schmecken tut's auch!
MAMPF
MAMPF
Klasse, Sakura!
Yamato, du hast da was am Mund.
Mensch.
Wie süß ...
...
Hmpf!
Muss schön sein, von allen verhätschelt zu werden, was?!
?
Nanao-chan.
Schmoll doch nicht so.

Das steht deinem niedlichen Gesicht nicht.
STECH
Narukami-senpai, ich mag dich!
Ich mag auch süße Mädchen!
MAMPF
Nanao-chan ...
Ich dachte, du stehst auf den Präsidenten ...
KEUCH
KEUCH
Hey, stopf das nicht so in dich rein!
Wie schön
Es ist schön, andere lachen zu sehen ...

Oh!
Ach ja, wo ist eigentlich Präsident Hinomiya?
Ach ...
Tamaki ist sicher ...
... beim tausend Jahre alten Kirschblütenbaum im Hinterhof.
RASCHEL
Er wird schwächer ...
Uns bleibt keine Zeit mehr.

Er ist ja wirklich hier!
Präsident Hinomi ...
Woah ...
Wie ...
... schön ...
Hey, Dummkopf!
Was willst du hier?
Du hast echt schlechte Manieren!
Ich bin extra hierhergekommen, damit wir zusammen Mittag essen können, und dann so was ...!
KLAPP
Argh!
Die Blüten fallen ins Essen ...
SEGEL
SEGEL
Ach, das ist doch nicht der Rede wert. Außerdem ...
Sie begraben das Essen regelrecht!

Ich ...
... liebe Sakura.

»Ich liebe Sa-kura.«
ERRÖT
...!
Lass mich!
Du machst ein Gesicht wie gekochter Tintenfisch.
Gekochter Tintenfisch ...?!
Ich wollte mich noch bei dir dafür bedanken, dass du mich neulich gerettet hast.
Das wollte ich noch nachholen.
Huh?
Ich brauch keinen Dank von dir.
Sag das doch nicht so ...

Denn ich bin ...
... schon längst dein Verbün-deter.

Lassen wir doch diese steifen Formalitäten.
In jenem Moment ...
... schien es mir so, als würde sich ...
... mein Herz ...
... dieser Person hingeben, wie Kirschblüten im Wind ...

Im Duschraum des Klubgebäudes ...
... muss eine Lampe ausgewechselt werden.
Ich hab zu tun.
Was?
Ich hab wohl keine Wahl.
Obwohl sie das denkt, freut sie sich auch, darum gebeten worden zu sein.
Schülerrat
Der Duschraum des Klubgebäudes ...
Ich kann sie hören ...
Seit einigen Tagen werden aufgrund noch ungeklärter Ursachen immer wieder Schülerinnen in Vorfälle verwickelt.
Wahrscheinlich haben sie da die Finger im Spiel.
LAUSCH
Mit »sie« sind bestimmt Yōkai gemeint, oder?
Wir müssen sie schnell hervorlocken und dem Ganzen ein Ende setzen.
Klar.
Wir werden uns noch heute darum kümmern.

Schließ-
lich haben wir
mit Sakura
Kawai ...
... den
idealen
Köder an
unserer
Seite.
SCHOCK

DRÜCK
Köder ...?
Ich wurde also ins Klubraumgebäude gebeten ...
KLACK
... um von Yokai angegriffen zu werden ...?
!
KLACKER
Das ...
Sie hat gehört, was wir gesagt haben.
Oh nein, sie ist geflohen!

Wir werden wohl noch eine Weile Opfer unter den Schülern haben.
...
Wie lästig ...
SCHWALL
Duschen
RAUSCH
Hi hi!
Es riecht gut ...
Hi hi!
Hi hi!
Es riecht so guuut ...

Das ist …
… heute …
WABER
… aber ein …
… besonders guter Geruch! ♪
お
RAUSCH
Hi hi!
Hi hi!
Hi hi!
Ich hab Angst.
Ich hab solche Angst …
Es ist …
… tatsächlich einer erschienen …!!
Aber …
RAUSCH
GREIF
… ich werde …

GOaar!
Graaar!
SCHAAAH
Nimm das, du perverses Vieh!!
Heißes-Wasser-Attackeee!!
TROPF
Du …
… ver-dammtes …
… Mäd-chen!!
GWAHRAAAH

Ver-
schwinde
...
... du
elendes
Gesindel!

Wieso hast du nur ein Badetuch um, du Dummkopf?!

Ähm, guckt mich bitte nicht so an, ja?

Ich dachte, wenn ich mich so anziehe, ist es effektiver!

Die werden doch von meinem Geruch hervorgelockt, oder?

Was redest du da?

Warum bist du überhaupt hierhergekommen, wenn du dachtest, wir würden dich ausnutzen wollen?!
Wenn wir nicht eingeschritten wären, wärst du vielleicht ...
... ums Leben gekommen!
Nein, das wäre ich nicht.
Du hast es doch selbst gesagt.
Du beschützt mich ...
Du bist mein »Verbündeter«.
Auch wenn ich ein Köder bin ...
... laufe ich nicht einfach davon, wenn es nicht zur Aufgabe gehört.
DRÜCK
Ich will nicht nur von euch beschützt werden.

... »Verbündete« unterstützen sich gegenseitig, nicht wahr?
Denn ...
Also ...

... be-
schützt
mich bitte
gut, ja?

FLÜSTER
Prin-
zessin
...
Grins
Streng
dich nicht
so an.
Sakura ...
Ich verrate
dir unser wah-
res Ziel.
Bereue
es nicht!

Was für ein wunderbarer Kirschbaum.
SST
Es hat sich gelohnt, tausend Jahre zu warten ...
BUWOOOH
Jetzt wirst du umso schöner brennen.

Nanao-chan, stimmt es, dass du deine berühmte, renommierte Gesamtschule hinter dir gelassen hast und auf diese Schule gewechselt bist?
Der Ruf ist mir egal, hier gibt es gut aussehende Typen! ♡
Kyaaah! Senpaaai!

Kapitel 3

DIE KIRSCHBLÜTEN PRINZESSIN

Bedeutet das ...?
Sakura-chan?!
DOMP
Gaaah ...
Oje ...
Sie ist bewusst-los!
Sie wirk-te zwar ziem-lich tough, aber offenbar hat sie sich überan-strengt.
Sie ist unbelehr-bar ...
Mir ist ganz schwarz vor Augen ...

Ich bin wieder ...
... an diesem Ort aus dem Traum!
Uh ...
Schon bald ...
... ist die Zeit gekom-men ...
Schon sehr bald ...

Was zum ...?!
KNEIF
Uh ...
...?
Präsident Hinomiya ...?

Warum ist er so nah ...?
?!
KLONK
Gyaaaah!!

DAMPF
Haah ...
Haah ...
Nanu ...?!
Ich bin im Kranken-zimmer ...?
Ah!
Ich erinnere mich!
Ich bin in der Dusche umgekippt ...

GROLL GROLL GROLL
Du ver-damm-te ...
SCHAUDER

SCHWANK
Ganz schön mutig, mit Gewalt deinen Dank auszusprechen ...
Dabei habe ich sogar dein Handtuch gerichtet, damit nichts entblößt wird ...
Hyaah!
Es tut mir leid ...!
Es ...

POFF
Was ...?
Wie auch immer. Ich bin froh, dass es dir gut geht.

WUSCHEL
Du hast dich sehr angestrengt.
Seine warmen, großen Hände ...
Es kitzelt ...
GWÄHRAAAH
PLOPP
SCHLUCK
Gerade jetzt, wo ich entspanne, kommt die Erinnerung zurück ...
Ugh ...
...
Soll ich dafür sorgen, dass die Yokai die Finger von dir lassen?

Was?
Das kannst du?!
Es ist ganz ein-fach.
Yokai vermeiden es, sich mit Wesen anzu-legen, die stärker als sie selbst sind.
Ich hab Angst!
Wenn ich dir ein »Siegel« verpasse …
Kyah!
… wer-den sich die meisten von dir fern-halten.
Hm …
Ein Siegel …
Aber … wie machst du das …?
Ach.
Das geht ganz schnell.

POCH
Waah!
BEIß
POCH
POCH
Ah …
Das war's schon.

Das ist das Zeichen dafür ...
... dass du mir gehörst.
...
POCH
DRÜCK
Er ist so ein Idiot ...
POCH

ドクン
POCH
Er bringt mein Herz zum Rasen ...
POCH
Er ist gemeiner als jeder Yokai ...

DOFF
Huuh ...
Das Leben ist so anders ...
... seit mich die Yokai in Ruhe lassen.
Es scheint zu wirken ...
Das Siegel, das mir Präsident Hinomiya gegeben hat.
SCHÜTTEL
Das sieht ja wie ein Knutschfleck aus!!
VERSTECK
Das macht mich nervös ...
Mit dem Siegel habe ich die Rolle des Futters angenommen ...
Seine Worte hatten vermutlich keine besondere Bedeutung, aber ...
... in meiner Brust fühlt es sich seitdem ganz heiß an ...

Dieses Gefühl ist auf jeden Fall anders ...
... als das zwischen Freunden oder Verbündeten ...
Dieses Gefühl ist ...
Was gibt es denn so Dringendes?
Es ist so ...
Tamaki ...

Der tausendjährige Kirschbaum ...

RAUCH

Er wurde verbrannt.

?!

GOSCH

RUTSCH
Nh!
Lange nicht gesehen, Tamaki.
Du bist es tatsächlich ...
Homura Inugami ...!

Die Zeit ist reif.
Ich werde dich ...
... und diesen Baum in Flammen aufgehen lassen.
Als hättest du die Macht dazu!
GRINS

SCHWUPP
Was meinst du?
?!
Sakura?!
Hi hi! Hi hi!
WOOSCH
Wie ...!
KNIRSCH
Wenn ich diesen Menschen bei mir habe, ziehst du also die Krallen ein.
Du weißt doch, wie gut meine Nase funktioniert.

GREIF
Ich kann dich riechen, Tamaki.
Dieses junge Mädchen ...
... ist in deinen Duft gehüllt.
Mi..!
KNACK
Hey, nicht bewegen!
Außer du willst, dass deine Liebste zu Asche zerfällt.

SCHWAAH
Ngh ...!
Pfft!
Früher haben die Yokai vor Angst gezittert, wenn sie nur deinen Namen hörten ...
... und jetzt macht dich ein einziges Mädchen so schlapp?
Ich bin enttäuscht!
WOOOH

SCHAAH
Uh ...
Schluss jetzt ...
Ich bringe es zu Ende!
ZATSCH

Leb wohl ...
... Ta-maki!
Präsi-dent ...
... Hino-miya ...

GROOOH
Präsi-
deeent
...!!

PIEP
Lass ihn runter!
Lass ihn sofort runter!
Halt den Mund.
Das Geschrei von Frauen ist schrecklich für meine Ohren.
GATSCH
Zuerst stopf ich dir dein loses Mundwerk ...
Ugh?!
... und dann lasse ich dich in Flammen aufgehen ...
KNISTER
KNISTER

GWOOH
Was für ein schwaches Flämmchen.
!!
Eine tief-schwarze ...
... Flamme ...
Präsi...
...dent ...?
POCH
SCHAAH

BOWAAAH

Gierige Hunde, die nach dem lechzen, was anderen gehört ...
... müssen diszipliniert werden.
Das Höllenfeuer bändigt das silberne Wesen ...
... das ihr im Traum begegnet ist ...

*Schlag mit der Stirnseite der Faust im Karate

Kapitel 4

SCHAAH
Finger weg von Sakura.

POCH
Aus dem Feuer, das Präsident Hinomiya eingehüllt hat ...
... ist dieses Wesen erschienen.
BOWAAAH
Hi hi!
Endlich zeigst du deine wahre Stärke.
GREIF
Solange ich dieses Mädchen habe, wird deine Flamme auch ...
SST
Aber hast du nicht etwas vergessen?
!
Was?
Hey ...!

GWOOOH
Ist das sein Ernst?!
ゴォォォ
DRÖHN
Nanu?!
Aargh ...!
Dieses Feuer ...
... ist ja überhaupt nicht heiß!

Es ist vielmehr ...
FUWAAH
... angenehm warm ...
... als würde es mich umarmen ...
Töricht.
TAPP
Meine Flammen sind nicht wie ein primitiver und ungehemmter Brand, der alles zerstört, was ihn berührt.

DRÜCK
!
Sakura.
Du bist in Sicherheit.
POCH
Ist das ...
... Präsident Hinomiya ...?
Ich kann es kaum glauben ...
... aber ...

Das Gefühl dieser Umarmung ...
... kommt mir bekannt vor.
Ich war unvorsichtig.
GWOOH
Aber ...
... das nächste Mal wird es anders laufen!
SCHWAAH
!

Er ist entkom-men ...
Tut mir leid, Sakura.
Das ist nur passiert, weil ich dir das Siegel verpasst habe.
POCH
POCH
POCH
Das Siegel ...
Dieser Yokai ...
... ist also wirklich Präsident Hinomiya.

Ugh!
DOSCH
?!
FLAMM
GRRR
Ein Monster ...
... aus Feuer?!

ZATSCH
Aah ...
Aus der Flamme
... die Präsident Hinomiya erfasst hat ...?
GWOOH
SCHRECK
Ich habe Angst ...

Aber ...!!
SCHWAAH
Uaargh!
Hör auf!!
Ah!
DOMM

Ich komm damit schon klar, halte dich davon fern!
SCHNAUF
SCHNAUF
DOSCH
Verletzte sollten die Klappe halten!!
?!
Was?!
Mach dich nicht lächerlich!
Der Gifthauch wird deinen Körper zerstören!
Verschwinde ...!
Los, verschwinde!
SCHWALL
Warum will es nicht verschwinden?!
Er hat mir schon so oft geholfen ...
Warum kann ich nichts für ihn tun ...?
Das ist so ...
... frustrierend ...

Ich will ihm helfen!!
KNACK
BLINZEL
Der verdorrte alte Kirschbaum ...

PAAAH
FLAPP

GRRR
SST

Fort mit dir!
KWAAH

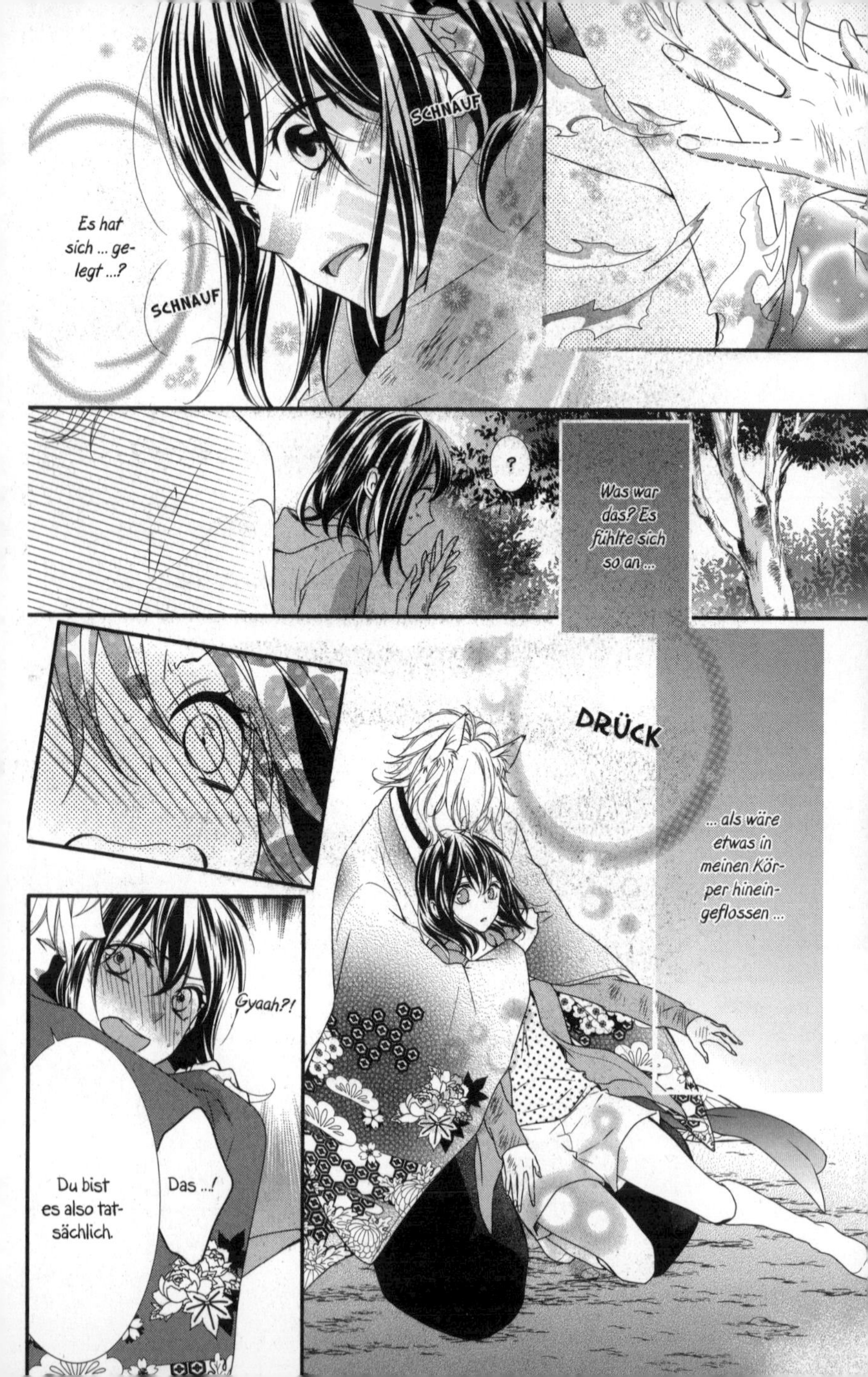
SCHNAUF
Es hat sich ... gelegt ...?
SCHNAUF
Was war das? Es fühlte sich so an ...
?
DRÜCK
... als wäre etwas in meinen Körper hineingeflossen ...
Gyaah?!
Das ...!
Du bist es also tatsächlich.

Ich habe dich vermisst ...
... Prin-zessin.
POCH

Pfft!
Warum sieht er mich so an ...?
どきん
POCH
POCH
So kann ich mich nicht ...
... aus seinen Armen befreien ...
Du bist also endlich erwacht?
Diese Stimmen ...!
Der Schülerrat ...

Kirschblüten-
prinzessin.

POCH
Und dieser seltsame Traum ...
... wird jetzt Wirklichkeit ...
Sakura ...

Wir haben so lange auf dich gewartet.

Wer zum Henker seid ihr?!
Unter meinen Bekannten wären bisher keine vom Himmel hinabgestiegenen Yokai, klar?!
Äh ...
WEDEL
VERSTECK
Sie versucht uns zu vertreiben, als wären wir Insekten ...
Manno ...
Dabei hast du doch gesagt, wir sind »Verbündete«!
Du bist gemein, Sakura-chan ...
Was ...?!
Tut mir leid, aber ich erinnere mich nicht daran, mich mit Yokai verbündet zu ha...
Hm ...?
RÜCK

SCHMUNZEL
FLAPP
FLAPP
...
Wenn du mich so ansiehst, macht mich das ganz verlegen!

Sind die etwa alle Yokai?!

KLATSCH

Ausge-zeichnet! ♪

KLATSCH

KLATSCH

Was ist das nur für eine Schu-le, auf der sich so viele heitere Yokai tum-meln ...?

Steck uns nicht mit den anderen Vie-chern in eine Schublade!

DEPRI

Hmpf!

Gemein-sam mit diesem al-ten Kirsch-baum ...

... haben wir auf eine bestimmte Person ge-wartet.

Auf einen besonderen Menschen ...

... der die Macht des tausendjähri-gen Kirsch-baums erbt ...

Sakura.
Wir haben so lange auf dich gewartet.

Vor tausend Jahren ...
... teilten wir das gleiche Schicksal wie die damalige Prinzessin.
In dir wurde sie wiedergeboren.

SST
Der entscheidende Moment ist gekommen.
Dieses Mal …
… gehörst du mir …

Erste Entwürfe

Sakura und Hinomiya sehen jetzt total anders aus!
Sakura hatte zuerst einen anderen Namen. Deswegen spreche ich sie auch heute noch manchmal mit ihrem falschen Namen an … (;'∀')
Ursprünglich war Präsident Hinomiya ein Yokai in Gestalt eines schwarzen Fuchses.♡
Das gefiel mir total gut, aber mein Redakteur hat dem einen Strich durch die Rechnung gemacht.

Hach, so fuchsig!♡

Ich finde, ich habe ihn sowohl fuchsig als auch cool gemacht!

»Fuchsig« und »cool« sind zwei verschiedene Sachen.

KLAPP

Wieso?!

Das Feedback

Das war der Moment, an dem ich den Glauben an meine Einschätzung von »Coolness« verloren habe …

Fuchs

Hauptcharakter

Oh!

Kapitel 5

DIE KIRSCHBLÜTEN PRINZESSIN

Dieses Mal ...
... ge-hörst du mir ...

PAMM
Wer will denn bitte einem Yokai gehören?!
Woah!

Die Mitglieder des Schülerrats sind Yokai ...
... und ich bin die Wiedergeburt einer Prinzessin von vor tausend Jahren ...?
Ihr könnt mir erzählen, was ihr wollt, ich steig da überhaupt nicht durch!
Aber ...!
SCHAAH
WABER
WABER
?!
Die haben uns aber schnell gefunden.

Das Kleinvieh kannst du uns überlassen.
Kümmere dich um die Prinzessin, Tamaki.
Ja.

FLAPP
!
Dass die Macht der Prinzessin in dich zurückgekehrt ist, bedeutet ...
... dass sich das Siegel des **großen Unheils** gelöst haben muss ...
Das große Unheil ...?
Wir haben keine Zeit, also hör gut zu.

Vor tausend Jahren ...
... wurde an einem fernen Ort ein Yokai geboren.
Wir wissen nicht, wie oder wann genau er zum Leben erweckt wurde ...
... und kennen auch seinen Namen nicht.
Das Einzige, was wir wissen, ist ...
... dass er großes Unheil über diese Welt gebracht hat.

Um dieses Unheil zu stoppen ...
... kämpften wir fünf Seite an Seite mit einem Menschen.
Dieser Mensch war die Kirschblütenprinzessin.
Deine frühere Inkarnation.

Sie war ...
... eine starke und wunderschö-ne Frau.
TROPF

Tamaki.
Gebt mir einen Augenblick.
Verhindert, dass er sich bewegen kann.
Verdammt ...!
Wie schaffen wir es nur, ihn zu überwältigen ...?
Was hast du denn vor?
Prinzessin?!

Groooooooh!
ふわ…
FUWAAH

Verzeih
mir ...
Ich nehme
dich mit ...

Du Närrin ...
Was hast du nur getan ...?!
Sag doch so was nicht.
Ich hatte keine andere Wahl, als mein Leben zu geben und ihn damit zu verbannen.

Aber dieses Siegel wird nicht ewig halten.
Ich muss euch nun eine grausame Aufgabe erteilen.
Bitte hört mich an.
Wenn sich ...
... dieses Siegel in tausend Jahren löst ...
... dann möchte ich, dass ihr Folgendes unternehmt ...

Wir haben tausend Jahre lang auf dich gewartet.
In dir lebt die Seele der Prinzessin ...
... die vom tausendjährigen Kirschbaum geleitet wurde.

Doch die übernatürlichen Kräfte der Prinzessin ...
... sind so mächtig, dass auch Yokai sie begehren.
Jetzt, da du diese Kräfte in dir trägst ...
... bist du die größtmögliche Energiequelle für diese Wesen.
Also ...
GRUMM
!

Huh?
Hat nicht gerade der Boden ge-bebt ...?
Das bedeutet, dass dich Yokai von ungewisser Stärke ...
... die sich nach der Kraft der Prinzessin sehnen, angrei-fen werden ...!!
SCHNAPP

SCHLUCK
Keine Sorge.
Ich wer-de dich um jeden Preis be-schützen.
TAPP
POCH

KÜSS
Ich will dich ...
... nicht noch einmal verlieren ...
... Prinzessin.
STECH
Es kommt mir so vor ...
... als würde ich in die Augen einer Person sehen, die mich schon seit langer Zeit liebt ...

Kwieh!
Kwieh!
SEUFZ
Es passiert einfach zu viel auf einmal, ich komm nicht mehr mit ...
Ich wünschte, das wäre alles nur ein Traum ...
FLAPP
Kwieh!
Kwieh!
FLAPP
Manno ...
Hör endlich auf!
PAZING
WEDEL
BYUUH
Oh ...
Das sind ... die Kräfte der Prinzessin ...

Prinzessin, du musst deine Kräfte nicht einsetzen.
Wir sind schließlich für dich da.
Kyah! Der gesamte Schülerrat hat sich versammelt! ♡
Yokai-Version
Ähm ...

Komm, ich bringe dich nach Hause.

Prinzessin.

Das sieht aber schwer aus ...!

Ich übernehme das Tragen für dich ...

... Prinzessin! ♪

...
Oh, das geht so nicht.
Du hast da was im Mundwinkel, Prinzessin.
BATSCH
Kyah!
...
Ich wehre alles ab, was die Prinzessin verletzen könnte!

Wenn ich mich hier verstecke ...
SCHNAUF
SCHNAUF
Hab dich gefunden, Prinzessin!
SCHRECK
!!
FLÜCHT
Nein ...!
RATTER

Renn doch nicht weg!
Ich will nicht, dass du dich unnötig in Gefahr bringst.

Bitte versteh das!
POCH
...
Meidest du uns, weil wir keine Menschen sind ...?
Nein!
Aber ...
KNIRSCH
Präsident Hinomiya ...
Weißt du, wie ich heiße?

Ich heiße Sakura Kawai.
Und nicht »Prinzessin«.

POCH

»Ich will dich nicht noch einmal verlieren ...

... Prinzessin.«

Wenn sie mich »Prinzessin« nennen ...

... knirscht es in meinem Herzen ...

Es kommt mir so vor ...

... als wäre nicht ich diejenige, die Präsident Hinomiya ansieht ...

Sprich mich ...
... bitte mit meinem Namen an ...!

D... Das war also dein Pro-blem?!
Hör auf, es kleinzu-reden!
Für mich ist das ...
SEUFZ
ERRÖT
Es tut mir leid.
Was ...?!

Jetzt und hier …
… schwö-re ich es dir, Sakura Kawai …

POCH
すっ
SST!

Dass ich dich getroffen habe, ist Schicksal ...
Und ich werde dich nicht mehr hergeben.

Mein erster Kuss ...
Ich weiß eigentlich gar nichts über dich ...
Aber ...
... wenn du es so sagst ...

... hört es sich so an, als wäre das zweifellos ...
... eine schicksalhafte Liebe ...
Hey ...
Was drängelst du dich vor, Tamaki?!
Du bist nicht der Einzige, der tausend Jahre auf sie gewartet hat!
Ja, aber echt, ey!

Wähle mich, Sakura-chan!
Wenn du irgendwelche Wünsche hast, werde ich sie dir erfüllen! ♪
Nein, du solltest lieber mich nehmen.
Ich schwöre, keinen Moment von deiner Seite zu weichen und dich rund um die Uhr zu beschützen.
Anders als mit diesen beiden verschrobenen Typen kannst du bei mir Ruhe finden, meinst du nicht?
Sakura-chan.
Nein!
Ich bin der Stärkste von uns allen! Wähle mich, Sakura!

Argh, ihr seid lästig!
Verschwindet gefälligst von hier!!
PAMM

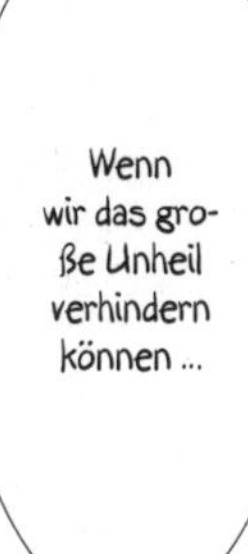

... wird sie uns allen gehören. So lautete ihr Versprechen!
Selbst wenn sie wiedergeboren wurde, gilt das Versprechen noch, klar?!
Ihr Mistkerle!!

Ich hatte noch keine Ahnung ...

Was soll das denn bitte heißen?!

... dass die Folgen dieser schicksalhaften Liebe alles andere als gewöhnlich waren ...

Die Kirschblütenprinzessin Band 1 – Ende

Vielen Dank!

☆ Redaktion: Fujimoto-sama*

☆ Design: Kuroki-sama

☆ Assistenz: H-chan

☆ Meiner Familie

☆ Allen, die an der Entstehung dieses Buches beteiligt waren.

Und schließlich allen, die diesen Manga lesen!♪

Ich freue mich über eure Eindrücke!♪

Shogakukan *Sho-Comi* Editorial Office
Ms Yuki Shiraishi
2-3-1 Hitotsubashi, Chiyoda-ku
101 - 8001 Tokyo, Japan

Dies ist mein Blog: xpastelboyx
Hier poste ich Neuigkeiten zu meinen Veröffentlichungen und mehr! ☆
Besucht mich auch auf Twitter: @s_yuki329

*sehr höfliche, geschlechtsunabhängige Anrede

DIE KIRSCHBLÜTEN PRINZESSIN

PROFIL

Yuki Shiraishi wurde am 29. März im Sternzeichen Widder geboren. Sie stammt aus Ehime, einer Präfektur im Nordwesten der japanischen Insel Shikoku. Ihre Blutgruppe ist A.

Ihr Debütwerk veröffentlichte die Mangaka mit der Geschichte *Der Pastelljunge* in der Sonderausgabe der *Shojo-Comic* vom 15. April 2006.

Seither zeigt sich die Künstlerin in der *Sho-Comi* überaus engagiert.

TOKYOPOP GmbH
Hamburg

TOKYOPOP
3. Auflage, 2021
Deutsche Ausgabe/German Edition

Aus dem Japanischen von Dorothea Zwetkow

KOI TO KEMONO TO SEITOKAI 1 by Yuki SHIRAISHI

Original Japanese edition published by SHOGAKUKAN.
German translation rights arranged with SHOGAKUKAN through The Kashima Agency.
Original cover design: Kaoru KUROKI + Bay Bridge Studio

Redaktion: Benjamin Spinrath
Lettering: Vibrant Publishing Studio
Herstellung: Mathias Neumeyer
Druck und buchbinderische Verarbeitung:
CPI-Clausen & Bosse GmbH, Leck
Printed in Germany

Wir achten auf die Umwelt.
Dieses Produkt besteht aus FSC®-zertifizierten und anderen kontrollierten Materialien.

ISBN 978-3-8420-4711-2

www.tokyopop.de

DIE KIRSCHBLÜTEN PRINZESSIN

UND WENN ICH DICH LIEBEN WÜRDE?

Yuki Shiraishi

Ich will dein Herz erobern!

Soshi ist sehr beliebt bei den Mädchen, hat jedoch nur Augen für seinen Mitschüler Minato, obwohl dieser ein Kerl ist! Zumindest glaubt Soshi das. Schon bald findet er aber heraus, dass Minato in Wahrheit ein Mädchen ist, das als Junge verkleidet versucht, seinem Schwarm möglichst nah zu sein. Als Soshi das erfährt, beschließt er, alles zu geben, um Minatos Herz zu erobern!

PRINZESSIN SAKURA 2IN1

Arina Tanemura

Der Magical-Girl-Hit von Arina Tanemura jetzt als Sammelband!

Prinzessin Sakura lebt mit ihrer Freundin Asagiri auf einem Anwesen in den Bergen. Kurz vor ihrem Tod versprachen ihre Eltern sie dem Prinzen Ora. Doch als Sakura zum kaiserlichen Palast geleitet werden soll, flieht sie in einen finsteren Wald, in dem sie sich verirrt. Beim Anblick des Vollmondes erkennt sie ihr Schicksal: Sakura ist die Enkelin der Mondprinzessin Kaguya und dazu bestimmt, gegen das Böse zu kämpfen. Damit sie dieser Aufgabe gerecht werden kann, wird sie von der Shamanin Byakuya in Magie unterwiesen ...

MIRACLE NIKKI

Mika Sakurano

Der Manga zum beliebten Dress-Up-Game *Love Nikki*!

Nikki hat ein Näschen für Mode und liebt es, ihre Outfits immer wieder neu zusammenzustellen. Ihre Leidenschaft ist sogar so groß, dass sie eines Tages Stylistin werden möchte. Jedoch ist ihr Talent weitaus schneller gefragt als gedacht: Mitten in der Nacht werden sie und ihr Kater Momo wie von Zauberhand ins Miraland geholt! Hier wird alles Mögliche anhand von Styling-Wettbewerben entschieden. Und ehe Nikki sich's versieht, battelt sie gegen andere, um die besten Looks zu kreieren!

MIT DIR IM WUNDERLAND

Kana Watanabe

Unserem Geheimnis auf der Spur

Seit einem Fahrradunfall kann Nobara zwar mit Tieren kommunizieren, doch nicht mehr mit ihren Mitmenschen. Ihr ungewöhnliches Gehör und der soziale Rückzug haben aus ihr eine mürrische Einzelgängerin gemacht – bis plötzlich ein seltsamer Junge auftaucht, den sie versteht! Wie sich herausstellt, ist er ein Wolf in Menschengestalt, der jedoch nur noch die Form eines wuscheligen Hundes annehmen kann. Sie beschließen, gemeinsam herauszufinden, was hinter ihren wundersamen Fähigkeiten steckt ...

IN/SPECTRE

Chashiba Katase / Kyo Shirodaira

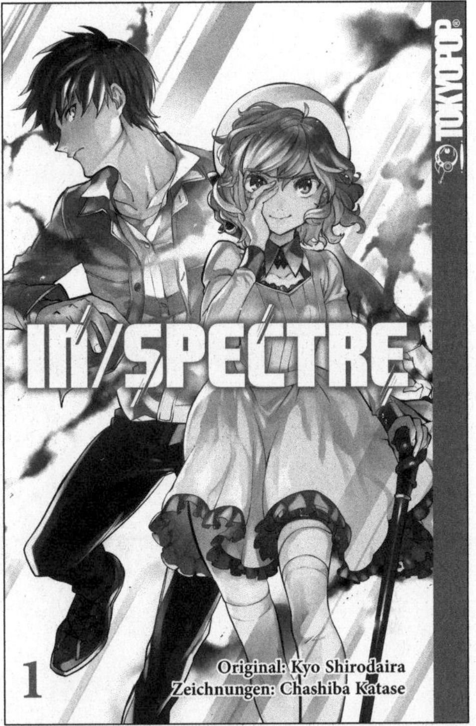

Auf der Jagd nach Geistern und Dämonen

Kotoko wurde als Kind von geisterhaften Wesen namens Yokai entführt. Sie willigte ein, ihre Göttin der Weisheit zu werden, und opferte dafür ein Auge und ein Bein. Seitdem löst sie Probleme zwischen den Geistern und den Menschen. Als sie dem Studenten Kuro begegnet, verliebt sie sich auf den ersten Blick in ihn! Doch die Yokai scheinen schreckliche Angst vor ihrem Liebsten zu haben ...

STOPP!

Dies ist die letzte Seite des Buches!
Du willst dir doch nicht den Spaß verderben und das Ende zuerst lesen, oder?

Um die Geschichte unverfälscht und originalgetreu mitverfolgen zu können, musst du es wie die Japaner machen und von rechts nach links lesen. Deshalb schnell das Buch umdrehen und loslegen!

So geht's:

Wenn dies das erste Mal sein sollte, dass du einen Manga in den Händen hältst, kann dir die Grafik helfen, dich zurechtzufinden: Fang einfach oben rechts an zu lesen und arbeite dich nach unten links vor. Viel Spaß dabei wünscht dir TOKYOPOP®!